ARREST NOTABLE

DE LA COVR DE PARLEMENT EN LA CHAMBRE DE L'EDIT,

Touchant la legitime des enfans.

A PARIS,
Chez SEBASTIEN CRAMOISY, Imprimeur ordinaire du Roy.

M. DC. XLIII.

Auec Priuilege de sa Maiesté.

EXTRAICT DES REGISTRES du Parlement.

ENTRE Marie de sainct Vaast fille maieure vsante & ioüyssante de ses droits, appellante de deux Sentences d'éuocation & retention, données par les Gens tenans les Requestes du Palais, les trentiéme Aoust & vingt-cinquiéme Octobre mil six cens quarante-vn, demanderesse en Requeste afin d'éuocation du principal differend des parties ; auquel ladite Marie de sainct Vaast est demanderesse aux fins de l'exploit fait à sa requeste pardeuant le Preuost de Paris, le huictiéme Aoust mil six cens quarante-vn, à ce que Maistre Charles François de sainct Vaast son frere, Geneuiéue & Renée de sainct Vaast ses sœurs, soient condamnées luy payer la somme de quatre mil cinq cens liures pour sa legitime à elle afferante en la somme de trente-six mil liures, qui a esté donnée en mariage par Maistre Iacques de sainct Vaast Notaire au Chastelet de Paris, & Magdelaine Chapelain leurs pere & mere : & encor incidemment en Lettres par elles obtenuës en Chancellerie le onziéme iour d'Octobre dernier, afin d'estre, entant que besoin est, restituée contre la renonciation par elle faite à la succession dudit defunt Maistre Iacques de sainct Vaast son pere ; & receuë suiuant autres Lettres par elle obtenuës le seiziéme Decembre mil six cens vingt-neuf, pour la succession de ladite Magdelaine Chapelain sa mere, à accepter lesdites successions par benefice d'inuentaire, d'vne part : & ledit Maistre Charles François de sainct Vaast Notaire au Chastelet de Paris, & Renée de sainct Vaast vefue de defunt Maistre Hector de Troyes Notaire audit Chastelet, intimez & defendeurs : & Maistre Caliste Meusnier soy disant Secretaire des Finances de Monsieur le Duc d'Orleans, interuenant aussi, intimé d'autre, sans que les qualitez puissent preiudicier.

Gorillon pour l'appellante & demanderesse a dit, que les appellations estans seulement de Sentences d'éuocation aux Requestes du Palais, font la moindre partie de la cause, en laquelle au principal, de l'éuocation duquel les parties sont d'accord, il s'agit de sçauoir, si vne fille apres sa renonciation aux successions de pere & mere, par la raison du nõbre de leurs creãciers qui ont fait vendre & adiuger les biens par decret, peut demander à ses freres & sœurs mariez par les pere & mere communs, le rapport à son profit des deniers à eux baillez en faueur de mariage, iusques à concurrence de sa legitime. L'appellante est fille de defunt Maistre Iacques de sainct Vaast Notaire au Chastelet de Paris, & Magdelaine Chapelain sa femme, qui ont eu quatre enfans, sçauoir Geneuiéue, Charles François, Renée, & Marie qui est l'appellante ; l'aisnée mariée au Commissaire Champagne en l'an six cens dix-neuf, a receu des pere & mere en faueur de mariage la somme de douze mil liures; Maistre Charles François de sainct Vaast marié en l'année six cens vingt-deux, a touché pareille somme de douze mil liures, employée en l'achapt & composition de son Office; Renée aussi mariée en l'année six cens vingt-sept à defunt Maistre Hector de Troyes Notaire au Chastelet, a receu le mesme auantage de la somme de douze mil liures, sçauoir quatre mil liures en deniers comptans, le surplus en vne Ferme size prés la ville de Beaumont: au moyen dequoy la mere estant decedée la premiere, & le pere en l'année six cens trente-sept, ils ont renoncé à leurs successions chargées de plusieurs debtes & nombre de creanciers, à la requeste desquels les meubles ont esté vendus, & les immeubles saisis & adiugez par decret sur vn Curateur aux successions vacantes, ausquelles l'appellante fut aussi contrainte de renoncer. Et d'autant qu'elle esperoit de son frere & de ses sœurs vn accueil fauorable, & quelque secours en la misere de sa condition, elle s'estoit opposée aux criées, tant comme legataire de sa mere que comme doüairiere, afin que si elle pouuoit en l'ordre obtenir quelque auantage pour se redimer de la grande necessité, elle ne se trouuast point forcée d'entreprendre contre son frere & ses sœurs vne instance pour sa legitime: mais n'ayant pas trouué l'assistance qu'elle s'estoit promise; & par l'éuenement de l'ordre n'ayant esté colloquée que pour deux cens vingtcinq liures, faisant la quatriéme partie du doüaire prefix de sa mere, qui n'estoit que de neuf cens liures, & pour le surplus deboutée; elle a esté contrainte de les faire assigner au Chastelet en l'année six cens quarante-vn, à ce qu'ils fussent tenus rapporter leurs mariages à son profit, iusques à la concurrence de la somme de quatre mil cinq cens liures, faisant moitié de la portion à elle afferante, (cessant les donations) en la somme de trente-six mil liures à eux donnée en mariage, offrant par elle déduire ou rapporter la somme qui luy auoit esté adiugée pour sa part du doüaire: laquelle demande on a traduite pardeuant Messieurs des Requestes du Palais sous le nom de Musnier; lequel ayant fait donner des Sentences d'éuocation, c'est le suiet de l'appel qui a saisy la Cour, & de la Requeste afin d'éuocation du principal, auquel il soustient sa partie auoir pour titre de sa demande l'article trois cens sept de la Coustume de Paris, qui a fait cette difference entre les creanciers estrangers & ceux de la nature, qu'elle a déchargé les enfans auantagez par les pere & mere, des debtes ciuiles de leurs successions, en s'abstenant par eux de l'heredité: Mais par la mesme disposition les a chargez du payement des creanciers de la nature, qui sont les autres enfans, pour leur legitime en ces termes, LA LEGITIME RESERVEE AVX AVTRES ENFANS; laquelle obligation apposée dans l'article par forme de cōdition, fait partie de la grace y cōtenuë, & ne peuuét les intimez ioüyr du benefice de la décharge enuers les creanciers estrangers, qu'en se sousmettant à la condition sous laquelle la grace a esté accordée par la Coustume, qui est de fournir la legitime aux enfans, qui sont les creanciers de la nature; & d'autant plus que ce n'est pas vn droit general en la France Coustumiere, de s'abstenir des successions de pere & mere, & ne pas rapporter ce qui a esté donné en auancement d'icelles : car on sçait dans les Coustumes de Touraine, Aniou, le Maine, & plusieurs autres, que les enfans mariez ont bien la faculté de renoncer ; mais en ce cas ils sont precisément obligez de rapporter. Et Maistre Charles du Moulin sur l'ancienne Coustume de Paris, dit qu'on en vsoit ainsi auparauant la reformation : de sorte donc que la faculté de renoncer & retenir les auances de mariage estant vn droit nouueau, & l'article trois cens sept nouuellement adiousté, il n'est pas possible d'en vser, sinon auec la charge & la condition sous laquelle il a esté concedé, qui est de fournir la legitime aux autres enfans; & cela conformément aux autres Coustumes de France qui ont pareille disposition, comme celle de Sens article 88. & 266. Senlis article 161. & plusieurs autres, lesquelles parlant des auantages que les pere & mere peuuent faire à leurs enfans, adioustent tousiours cette condition importante & decisiue, *pourueu que la legitime soit gardée aux autres enfans*; tellement que nos Coustumes dans le mesme sentiment des Loix Romaines, ont eu des soins tres-particuliers de la legitime des enfans, & n'ont pas voulu en laisser la disposition entre les mains des peres & meres; & seroit vne mauuaise defense de dire que l'article trois cens sept de nostre Coustume, reseruant vne legitime aux autres enfans, ne se doit pas entendre lors que les mariages ont esté fournis en deniers, mais seulement en heritages, & fonder cette distinction sur des inconueniens imaginaires, qu'vn gendre fait son compte sur la dot qu'on luy promet ; & que s'il ne s'eſtoit attendu de conſeruer la ſomme entiere par vne renonciation, il n'auroit pas contracté le mariage ; & que les gendres ayans employé ou conſommé la dot de leurs femmes, il ſeroit bien dur apres vn long-temps d'en repeter contre eux vne partie pour le fourniſſement de la legitime ; & adiouſter que l'ouuerture de cette propoſition pourroit troubler pluſieurs familles: car premierement, quand les Loix ſont claires, intelligibles, generales, & indefinies, ce n'eſt pas à nous d'y apporter des diſtinctions & des differences. Les Legiſlateurs & ſages Reformateurs de noſtre Couſtume, n'ont pas ignoré, que dans Paris les mariages plus ordinaires ſe fourniſſent en deniers comptans ; & neantmoins l'article trois cens ſept, qui eſt vne exception des articles precedens, leſquels diſpoſent generalement & indiſtinctement du rapport des choſes données aux enfans en faueur de mariage, contient la diſpoſition generale & indefinie, que *où celuy auquel on auroit donné ſe voudroit tenir à ſon don, faire le peut, en s'abſtenant de l'heredité, la legitime reſeruée aux autres enfans*: de ſorte que cette diſpoſition eſtant abſoluë & ſans aucune reſtriction, ce ſeroit adiouſter au texte & à l'eſprit de la Couſtume, d'admettre la diſtinction qu'on y veut apporter: & en ſecond lieu il faut demeurer d'accord, que toutes les choſes données aux enfans en auancement d'hoirie qui ſont ſuiettes à rapport, en cas d'acceptation de la ſucceſſion, ſont ſuiettes à la legitime en cas de renonciation. Or par le texte exprés de l'article 278 de noſtre Couſtume, meubles ou immeubles donnez par pere ou mere à leurs enfans, ſont reputez donnez en auan-

cement

cement d'hoirie; & consequemment nulle distinction à faire en l'espece de l'article 307. entre les meubles & les immeubles, lors qu'il s'agit de fournir la legitime aux enfans non auantagez. Quant aux pretendus inconueniens, outre que de les alleguer ce n'est pas soudre la question, ny répondre à la Coustume; c'est qu'en voulant faire consideration sur la personne des gendres, on cache industrieusement le visage des peres & meres, & celuy des enfans dont les interests sont bien plus sensibles; & par effet les inconueniens seroient bien plus grands de l'autre costé, si on admettoit la proposition des intimez: car premierement il n'y a point de peres ny meres dans les sentimens reglez de la nature, qui n'ayent interest que leurs enfans soient mutuellement secourus les vns des autres, & que l'inégalité de leurs partages ne soit pas telle, que les vns viuent à leur aise, les autres dans la necessité; les vns dans l'abondance, les autres reduits à l'aumosne; la mediocrité est à desirer entre eux iusques à certaine proportion: il importe mesme au public, si les aisnez des familles sont aussi le plus souuent les aisnez de la fortune; au moins que les puisnez, qui ont également bien merité de leurs parens, ne soient pas reduits à vne honteuse mendicité: comme aussi il est bien plus tolerable que celuy des enfans, ou ceux qui ont esté auancez en mariage, diminuent vn peu de leurs auantages pour donner fort mediocremēt à leurs freres & sœurs dequoy viure, que non pas en laissant l'auantage tout entier à ceux qui l'ont receu, ne donner rien du tout aux autres, & les exposer par ce moyen à la honte & à la misere. Et en second lieu si la pretention des intimez estoit receuë, il seroit desormais tres-facile à vn pere, soit par affection pour aucuns de ses enfans, ou par auersion pour les autres, de donner tout à l'aisné & d'exhereder entierement les puisnez; parce que reduisant tout son bien en deniers comptans, comme cela est facile en vendant ses immeubles, il peut épuiser toute sa substance en l'auancement de son fils, ou au mariage de sa fille aisnée; le gendre ne s'informera pas où son beau pere aura pris les deniers de la dot de sa fille, ny s'il aura vendu ses immeubles à cét effet; & cependant ne se trouuant plus de bien dans la maison, s'il y a cinq ou six enfans, plus ou moins, ils seront tous exheredez sans cause, & n'auront pas la faculté de demander leur legitime; cela seroit bien plus insupportable que les inconueniens dont on voudra parler. Et de fait, Maistre Charles du Moulin en son Traicté des donations inofficieuses, au nombre dernier, apres auoir examiné ce qui se peut dire de la part des gendres & de leur bonne foy, resout neantmoins qu'ils se doiuent imputer de n'auoir pas connu ceux, en l'alliance desquels ils sont entrez, & ne peuuent faire que les Loix n'ayent lieu en leur actuelle disposition. Il est d'ailleurs aucunement important que les gendres soient interessez en la fortune de leurs beaux-peres, afin que par la crainte du rapport de la legitime aux autres enfans, en cas d'insoluabilité, ils soient plus volontiers excitez de leur prester la main aux occasions. Quant à la renonciation de l'appellante, dont on voudra faire estat, pour conclure que n'estant pas heritiere, elle n'a point de qualité pour demander sa legitime; la réponse est prompte, qu'il pourroit souste-nir le droit de legitime dans l'espece de la cause n'estre point attaché à la qualité d'heritier; parce que l'appellante demande la sienne à titre singulier en vertu de la Coustume, & peut dire que pour cela particulierement elle est creanciere personnelle de son frere & de ses sœurs, & que pour receuoir ce benefice, que nos Loix ont appellé le secours de l'equité & de la nature, c'est bien assez d'auoir la qualité de fille sans y ioindre celle d'heritiere: mais pour leuer ce scrupule, l'appellante a obtenu Lettres pour estre restituée entant que besoin seroit contre la renonciation, & receuë à prendre les successions de ses pere & mere par benefice d'inuentaire: l'enterinement desquelles est tres-fauorable, nonobstant que les renonciations ayent esté faites en maiorité; parce que l'intention de l'appellante en les faisant n'a pas esté de se dépoüiller d'vn auantage que la Loy luy donne, mais seulement de se garentir de la poursuite des creanciers; tellement que de retorquer sa renonciation contre elle, ce seroit en tirer vn effet tout contraire à son intention, qui a esté de se redimer d'vn mal, & non pas se priuer d'vn bien que la Coustume luy presente, & que personne ne luy peut contester. En fin, si on dit que la pretention de l'appellante est inutile, à cause que la legitime luy estát adiugée en qualité d'heritiere par benefice d'inuẽtaire, elle sera demandée par les creanciers qui restent à payer; la réponse est bien facile, que la Loy ne donne pas des esperances imparfaites, & vn titre sans aucun fruit; ce qui arriueroit neantmoins si l'obiection des intimez estoit veritable, parce que iamais la legitime ne demeureroit aux enfans lors que des pere & mere auroient laissé des creanciers: mais de plus, les creanciers n'ont point de droit ny d'interest, sinon lors qu'on veut affoiblir leurs asseurances, ou diminuer le fonds sur lequel ils se peuuent venger. Or cela ne peut estre en l'espece de la cause, parce que si on considere la nature des biens sur lesquels l'appellante demande sa legitime, les creanciers n'ont rien à y pretendre; estant certain qu'au moyen de la renonciation des intimez, les deniers de leurs mariages, sur lesquels la legitime est demandée, sont hors la masse des successions, & faudroit auoüer vne proposition autant absurde qu'iniuste, si on disoit que l'appellante ne demandant point de legitime les creanciers ne pourroient rien pretendre aux trente-six mil liures donnez en mariage à ses frere & sœurs, & que dans le cas contraire luy adiugeant sur cette nature de deniers sa legitime, qui tient lieu d'aliment, les creanciers luy arracheront le pain d'entre les mains, & en profiteront à son exclusion: cela implique manifestement & emporte vne iniustice notable. Les creanciers ne doiuent pas trouuer leur compte dans la misere de l'appellante, puis qu'ils n'ont pas fondé leurs esperances sur ses alimens, lors qu'elle seroit reduite à la necessité de les demander; & seroit vn estrange raisonnement de dire, que les creanciers n'auroient pas esté payez si l'appellante n'auoit point esté si miserable. On voudra possible se preualoir d'vn contract de donation du mois d'Octobre six cens vingt-sept, fait par le pere en faueur de l'appellante; mais il y a preuue dans son sac que les meubles, la pratique, & la rente donnez par ce contract, ont esté védus à la requeste & au profit des creãciers, & que l'appellante n'a receu autre chose sinon la somme de deux cens vingt-cinq liures pour sa part du doüaire, qu'elle offre de rapporter ou déduire. C'est pourquoy a conclud, à ce que mettant les appellations & ce dont a esté appellé au neant, il plaise à la Cour éuoquer le principal, & y faisant droit, ayant aucunement égard aux Lettres, condamner les intimez rapporter au profit de l'appellante les deniers qu'ils ont eu en mariage iusques à concurrence de la somme de quatre mil cinq cens liures pour sa legitime, apres les offres de déduire ou rapporter ce que l'appellante a receu pour le doüaire, & aux dépens.

Defita pour Maistre Charles Fraçois de S. Vaast, a dit qu'en l'appel il est follement intimé, & au principal la pretention de l'appellante, soit en la question de fait ou en celle de la Coustume, n'est pas raisonnable: Quant au fait, l'appellante a esté auantagée par vn contract du septiéme Octobre mil six cens vingt sept, en consequence duquel les meubles du pere commun, qu'elle a recõnu lors auoir en sa possession luy sont demeurez: ils estoient de notable valeur; & si on considere que les pere & mere ont eu cinq enfans, s'il y auoit lieu à la legitime il faudroit faire le partage en cinq portions, & en ce cas sa partie n'ayant receu que neuf mil liures des douze à luy promis en mariage, il se trouue que l'appellante, auec le doüaire pour lequel elle a esté mise en ordre, a receu plus que sa legitime, & ainsi plaide sans interest. Et pour la question de Coustume, souftient que l'article 307. sur lequel l'appellante fonde sa pretention, n'a iamais esté entendu ny pratiqué sinon lors que les enfans ont esté auantagez en immeubles, & qu'il n'est pas demeuré aux autres enfans dequoy satisfaire à leur legitime, parce que les heritages d'vn pere estans dés le moment de la naissance de ses enfans affectez & hypothequez à leur legitime, ils ne peuuent passer en autre main qu'auec cette charge qui leur est naturelle: mais lors que les mariages sont faits en deniers comptans, la raison contraire de la mesme Coustume, qui empéche la suite par hypotheque sur les meubles, exclud toute pretention de legitime contre ceux qui ont touché les deniers; autrement il y a nombre de mariages qui sont auiourd'huy bien concordans, lesquels n'auroient pas esté celebrez; parce que celuy qui entre dans vne alliance sous la promesse d'vne somme certaine, prend ses mesures là dessus: & n'a iamais esté dit en nostre Coustume, que celuy-là renonçant apres la mort des pere & mere de sa femme soit suiet à aucun rapport; & si on admettoit la proposition contraire selon l'intention de l'appellante, ce seroit rendre la condition d'vn gendre fort mauuaise, en ce qu'apres quinze ou vingt ans, en vn temps auquel les deniers de son mariage auront esté consommez ou perdus, on luy viendra demãder vne legitime pour ses freres & sœurs, luy qui n'aura possible pas dequoy suffire à soy-mesme & à sa famille: ce seroit outre cela faire dépendre la fortune des gendres de celle de leurs beauperes; & en vn mot troubler plusieurs familles, qui sont demeurées iusques à present dans le repos, sous l'asseurance que la

Couſtume leur donne, de garder leurs auantages tous entiers, en s'abſtenant des ſucceſſions de leurs parens. Il eſt d'ailleurs bien iuſte par la Loy des Correlatifs, que comme les filles qui ont pour peu de choſe renoncé par contract de mariage aux ſucceſſions de leurs peres & meres, ſont perpetuellement excluſes du partage de leurs biens, preſuppoſé qu'au temps de l'ouuerture de leurs ſucceſſions ils ſe trouuent immenſes & de tres-grande valeur; auſſi dans vn éuenement contraire, qu'il leur ſoit loiſible de retenir au moins ce qui leur a eſté donné en faueur de mariage, ſans eſtre obligées à aucun rapport pour la legitime des autres enfans : mais dãs le fait particulier outre ces raiſons generales; l'appellante demeure d'accord d'auoir renõcé aux ſucceſſions des pere & mere communs: & en ce cas la maxime eſtãt conſtante en droit, que la legitime ne ſe peut demander ſinon par vn heritier, elle n'eſt pas receuable en ſa demande, puis qu'elle n'eſt pas heritiere ; & n'importe que depuis peu de iours elle a obtenu Lettres, pour eſtre reſtituée contre ſa renonciation : car elle en auoit deſia obtenu de ſemblables en l'année ſix cens trente-neuf au mois de Decẽbre, pour la ſucceſſiõ de la mere, deſquelles elle a eſté deboutée par Sentẽce d'ordre de Meſſieurs des Requeſtes du Palais du vingt- troiſiéme Ianuier mil ſix cens quarante vn, dont il n'y a point d'appel ; & auſſi eſtant veritable que les renonciations à l'vne & l'autre ſucceſſion ont eſté faites en pleine maiorité, ſans aucune force ny contrainte, ce ſont des actes legitimes qui ne reçoiuent ny iour ny condition, & contre leſquels, en la bouche d'vne perſonne maieure, il n'y a point d'eſperance de reſtitution : moins encores, ſi on conſidere que la renonciation à la ſucceſſion du pere, a produit la collocation vtile de l'appellante ſur ſes biens pour le doüaire de ſa mere; tellement que de reclamer apres vne renonciation de cette qualité, qui a eu ſon effet auantageux pour l'appellante, il n'y a point d'apparence : d'ailleurs, la pourſuite que fait l'appellante cõtre ſes frere & ſœurs peut bien porter le nom de vexation, puis qu'elle n'en doit ny peut tirer aucun fruit : car demeurant d'accord, comme elle confeſſe par ſes Lettres, que la qualité d'heritiere luy eſt neceſſaire pour demander ſa legitime, il s'enſuit que la portion qu'elle demande, ſi elle eſtoit tirée des mains de l'intimé & de ſes ſœurs, ſeroit remiſe dans la maſſe, & feroit partie des ſucceſſions des pere & mere communs ; auquel cas y ayant des creanciers en grand nombre qui ne ſont pas payez, c'eſt pour eux ſeulemẽt que l'appellante trauaille & non pour elle, eſtãt indifferent de ſe dire heritiere beneficiaire, ou pure & ſimple. C'eſt aſſez d'auoir le nom d'heritiere pour conclure qu'elle ne peut rien auoir ſinon apres les debtes payées : & de fait, l'article 298. de noſtre Couſtume qui a reglé la legitime des enfans, adiouſte ces mots à la fin, *ſur le tout deduit les debtes & frais funeraux*, autrement il faudroit dans la Couſtume admettre vn cas auquel on peut eſtre heritier ſans payer les debtes; ce qui eſt impoſſible, & en conſequence, ſoit en la queſtion generale ou par les circonſtances particulieres, ſouſtient l'appellante non receuable, & y conclud.

HEBERT pour Renée de ſainct Vaaſt, dit que la condi-

condition de sa partie est bien plus mauuaise que celle de tous les autres enfans, parce que veritablement on luy auoit promis en mariage la somme de douze mil liures; mais a iustifié par escrit que de la Ferme size prés Beaumont, qui luy auoit esté donnée pour huit mil liures, elle en a esté éuincée par Arrest; de sorte que pour tout partage il luy est resté la somme de quatre mil liures, dont encores elle a consommé vne partie à se defendre au procez de l'éuiction, & aux dépens ausquels elle a esté condamnée. Si donc il y a suiet de se plaindre du mauuais succés des affaires du pere commun, c'est à sa partie qui est demeurée vefue, chargée de famille auec si peu de moyens pour l'entretenir; & pour cette raison la demande de legitime ou de supplément seroit plus tolerable en sa bouche, qu'en celle de l'appellante sa sœur, qui n'est chargée que de sa personne, & a receu des auantages plus considerables que sa partie, eu égard à leurs conditions differentes: au surplus employe ce qui a esté dit, & conclud afin d'absolution.

MAROTIN pour Musnier, qui a soustenu le bien iugé.

BRICQVET pour le Procureur general du Roy a dit; Que cette cause ne reçoit aucune difficulté dans le faict, auquel il est constant que defunt Iacques de sainct Vaast pere commun des parties a marié en 1619. Geneuiéue de sainct Vaast sa fille aisnée, à laquelle il a donné douze mil liures, sçauoir sept mil deux cens liures en argent, & trois cens liures de rente qu'il constitua sur soymesme. En 1622. il donna en faueur de mariage à Charles François de sainct Vaast son fils douze mil liures; &

en 1627. mariant Renée de sainct Vaast sa seconde fille, il luy donna quatre mil liures en argent comptant, & huit mil liures en heritages; & quatre mois apres il fit donation entre vifs à Marie de sainct Vaast sa fille, qui est l'appellante, de ses meubles, de sa pratique, & de cinq cens liures de rente sur le Clergé. Marie de sainct Vaast en 1637. estant poursuiuie par les creanciers de la succession de son pere, ayant esté obligée de déguerpir la rente; en suite les meubles vendus en vertu de Sentence des Requestes du Palais, & les deniers en prouenans distribuez aux creanciers, qui se sont pareillement vengez sur la pratique; voyant que la donation de son pere luy estoit inutile, & que ses debtes absorboient tout son bien, apres auoir renoncé à la succession de ses pere & mere, s'est adressée à ses frere & sœurs, & leur a demandé sa legitime sur les sommes qui leur auoient esté données en mariage, offrant déduire ce qu'elle a touché pour sa part du doüaire de sa mere. On luy a opposé la donation & la renonciation: mais elle dit que la donation n'a peu auoir aucun effet; & quant à la renonciation, elle a obtenu Lettres pour en estre restituée; ce qui estoit absolument necessaire, parce que la legitime ne se prend qu'en qualité d'heritier. Le moyen des Lettres est tres-pertinent, puis qu'elle a renoncé par erreur, esperant que les choses contenuës dans sa donation luy demeureroient. Ainsi de ce fait resulte vne seule question de droit importante, & fort necessaire en ce temps; qui est de sçauoir si les gendres ou les enfans qui ont eu des donations en faueur de mariage, sont tenus de fournir ou ſuppleer la legitime aux autres enfans qui n'ont rien touché des ſucceſſions de leurs pere & mere, ou moins qu'il ne leur appartenoit par la Couſtume. D'vne part on peut cōſiderer que ce ſeroit choſe biē rude, & entierement contraire à la diſpoſition de la Couſtume de Paris, par laquelle en l'art. 307. il eſt permis aux enfans auſquels leurs pere & mere ont donné, de ſe tenir à leur don en s'abſtenant de l'heredité, priuilege introduit par la Loy municipale, qui leur doit eſtre inuiolablement conſerué, d'autant plus que l'vn des enfans obligeant ſes freres & ſœurs à rapporter les ſommes qu'ils ont receuës, il ne pourroit eſperer choſe quelconque pour ſa legitime, s'il y auoit des creanciers, comme il y en a en ce fait, qui luy ſeroient preferez, puis que par l'art. 298. de la meſme Couſtume, la legitime ne ſe prend qu'apres les debtes payées, & par le meſme article la legitime eſt definie la moitié de telle part & portion que chacun enfant euſt eu en la ſucceſſiō de ſes pere & mere, s'ils n'euſſent diſpoſé par donatiō entre vifs, ou derniere volonté; ce qui eſtant dit en termes generaux, & ayāt lieu meſmes à l'égard des Eſtrāgers, doit à plus forte raiſon eſtre plus fauorablement entendu pour les enfans, afin qu'on ne leur puiſſe pas arracher les auantages qui leur ont eſté faits, à l'occaſion de leur mariage, ou en conſideratiō de leur obeïſſance. La faueur des dots a toûiours eſté grande, & les Loix ont eu vn ſoin particulier de les conſeruer aux femmes pour l'intereſt public des familles, afin qu'elles fuſſent pluſtoſt recherchées en mariage. Et de là meſmes il s'enſuit vne autre raiſon, que la condition des maris doit eſtre encores eſtimée plus fauorable, d'autant qu'ils reçoiuent ces auantages à titre entierement onereux, & qu'ils sont comparez par les Loix à ceux qui contractent par vente & par achapt, ou par contract de prest & en qualité de creanciers; de sorte que ce seroit vne tromperie publique, & par maniere de dire vne fraude legitime, comme l'appelle Sidonius, si apres cela il estoit permis aux autres enfans de renuerser leurs contracts, retirer le bien qu'ils ont receu, & ne leur laisser que les seules charges du mariage; chose deplorable, que nulle prudence ne pouuant preuoir, ne doit pas estre aussi suiette à punition ou à dommage, & qui causeroit sans doute infinis troubles & dissensions dans les ménages & dans les familles. Et ne seroit-il pas fâcheux que des gendres qui auront peut-estre receu leurs mariages en deniers, apres en auoir disposé pour l'establissement de leur fortune & de leur famille, apres auoir soustenu pendant plusieurs années les charges du mariage, fussent non seulement frustrez de l'esperance qu'ils peuuent auoir conceuë, de trouuer encores quelque chose dans la succession de leur beaupere: mais aussi qu'y renonçans ils fussent obligez de rapporter ce qui n'est plus en nature, & dont quelquefois la meilleure partie aura esté employée en des dépenses superfluës & tres-inutiles? Car quelle plus grande seureté & precaution sçauroit-on desirer de la part des gendres, que de receuoir tout ce qu'on leur promet en deniers comptans, puis qu'ils n'ont aucune suite par hypotheque, & qu'il ne reste rien apres cela qui puisse estre enuelopé dans la bonne ou mauuaise fortune de leur beaupere, ny par consequent dépendre du succez de leurs affaires; & principalement cela seroit de dangereuse consequẽce au temps où nous sommes, auquel beaucoup de personnes entrans dans des alliances qui ne sont releuées que par la consideration des biens, leur fortune dépendroit de celle d'autruy; ils seroient tousiours en inquietude, & sans aucune asseurance de la possession de ce qui leur appartient si legitimement, veu que le Iurisconsulte sur pareille raison a déchargé vn mary de la recherche des deniers dotaux qu'il a receus dans la meditation d'vne banqueroute, tout ainsi qu'vn creancier qui en pareil temps reçoit ce qui luy est deu: *in maritum non dandam actionem non magis, quàm in creditorem qui à fraudatore quod ei deberetur acceperit*, dit la Loy, *si fraudator*. §. *si à socero*. *ff*. *quæ in fraudem creditorum*. Et ailleurs il est dit que le libertin qui marie sa fille n'est pas presumé en ce faisant vouloir frauder son patron de la legitime qui luy est deuë apres sa mort, & que partant le patron ne peut pas faire reuoquer la constitution dotale qui le priue de son droit, comme il est dit en la Loy premiere, §. *sed si libertus*. *ff*. *si quid in fraudem patroni*. Comme aussi ceux qui baillent leurs filles en mariage seroient tous les iours abusez, si apres auoir fait estat d'vn bien qui a esté donné en faueur de mariage à leurs gendres, & surquoy ils y ont consenty, & reglé sur iceluy toutes les cõuentions matrimoniales, la mauuaise conduite ou le desastre des peres & meres de leurs gendres suruenant puis apres, pouuoit rendre inutile leur preuoyance & ruiner toutes leurs intentions. Ce qui fait voir que c'est vne ouuerture pour rendre les mariages plus difficiles, & remplir de confusion toutes les affaires des hommes, qui ſont principalement appuyées ſur cette eſpece de contracts, deſquels deriuent la foy & la ſeureté de tous les autres. Et ſi la fille qui a renoncé à la ſucceſſion de ſon pere en receuant quelque choſe par ſon contract de mariage, ne reuient pas à ſucceſſion quoy qu'opulẽte, ſoit que ſon pere en ayant beaucoup luy en eut donné bien peu, ſoit que depuis il eut acquis de grands biens; ſi elle ne peut demander le ſupplément de la legitime, ainſi qu'il a eſté iugé par les Arreſts, ſi elle ne peut profiter de la fortune de ſon pere, pourquoy participera-t'elle à ſon malheur & à ſa diſgrace? n'eſt-ce pas encores contre l'équité, laquelle veut que la raiſon du profit & du dommage ſoit reciproque? Enfin la legitime ne ſe prend que ſur les biens du pere, ce qui eſt donné eſt *extra cauſam bonorum*, il n'eſt plus reputé eſtre dans les biens, & on n'en peut diſpoſer: il n'eſt donc pas raiſonnable que des enfans qui ont receu des donations en faueur de mariage, s'abſtenans de l'heredité les rapportent pour fournir la legitime à leur ſœur. Mais d'autre part cette queſtion ſe peut expliquer par l'obſeruation des raiſons du droit Romain, & de la diſpoſitiõ de la Couſtume de Paris. Pour ce qui eſt du droit Romain, il eſt conſtant que la legitime y eſt ſi fort eſtablie & recommandée, comme vne debte ciuile & naturelle, que ſi elle eſt obmiſe par vn pere, ou ſi elle n'eſt laiſſée à titre d'inſtitution, le teſtament eſt caſſé comme inofficieux, & nulle diſpoſition n'eſt valable, qu'à cette condition de conſeruer la legitime; à l'exemple dequoy ce qui n'auoit lieu qu'à l'égard de la querelle d'inofficioſité pour toute vne ſucceſſion, a eſté eſtendu par la meſme raiſon aux donations inofficieuſes ; car tout ainſi que pour reſtreindre la puiſſance des legs trop amplement permiſe par la Loy des douze Tables, les eſprits des hómes eſtans artificieux à éluder l'authorité des Loix, il falut que les Loix *Furia & Voconia*, & depuis la *Falcidie*, interpoſaſſent leur authorité pour retrancher l'excez de cette licence: de meſme les peres voyás qu'ils ne pouuoient par vne exheredation iniurieuſe priuer leurs enfans de leurs biens, ils épuiſoient leurs facultez par des donations immenſes qu'ils faiſoient pendant leur vie. L'Empereur Alexandre Seuere permit aux enfans à l'exemple de la querelle d'inofficioſité, de ſe plaindre des donations inofficieuſes par vn reſcrit enuoyé à Claudianus Iulianus, Prefect de la ville de Rome, lequel ne ſe trouue pas dans le titre du Code *de inofficioſis donationibus*, mais dans la Loy *Titia* 87. §. *Imperator. ff. de leg.* 2. auec cette difference neantmoins, que la querelle d'inofficioſité renuerſoit entierement les teſtamens, & reduiſoit les choſes *ab inteſtat*, & les donations n'eſtoient reuoquées que iuſques à la concurrence de la legitime, pourueu toutesfois qu'elles n'excedaſſent pas la moitié ou les deux tiers, auquel cas elles pouuoient eſtre caſſeés pour le tout, ſi la fraude eſtoit verifiée & par le fait en ſoy, & par l'apparence viſible d'vn deſſein & d'vn conſeil fauduleux au preiudice de la legitime des enfans. Iuriſprudence qui a eſté ſuiuie & approuuée tant par les Empereurs Valerian & Gallien, qui l'appellent *auxilium æquitatis* en la Loy 2. *C. de inoffic. donat.* que par Iuſtinian en la Nouelle 92. *de immenſis donatio-*

nibus in filios factis, dont est tirée l'authentique *vnde & si parens. C. de inoff. testamento.* Et parce que cette voye estoit fermée aux peres qui vouloient démesurément auantager aucuns de leurs enfans à la ruine des autres, ils s'auisoient de leur faire de grandes constitutions dotales ou donations en faueur de mariage, par ce que cela sembloit plus fauorable que les autres auantages à titre purement lucratif: l'Empereur Constantius estendit encore la disposition des Loix de l'inofficiosité aux donations qui seroient faites pour cause de dot & de mariage, ainsi qu'il se voit en la Loy vnique, *C. de inoff. dotibus.* Et bien qu'il semble que cette Loy se doiue entendre seulement de la dot constituée par vne vefue à vn second mary au preiudice de ses enfans du premier lict, en ce qu'il est dit, *Cùm omnia bona à matre tua in dotem dicantur exhausta*: neantmoins cette disposition est generale dans son origine, & comprend indifferemmẽt toute sorte de dots: car dans le Code Theodosien dont elle a esté tirée, cette Loy de Constantius y est generale, & ces paroles n'y sont pas apposées; mais il y a vne autre Loy qui est du mesme Constantius & Iulianus, où il est dit, *dote ab vxore marito data, filios ex priori matrimonio &c.* De ces deux Loix Tribonian en a voulu faire vne, mais il n'a pas abrogé la premiere, laquelle est demeurée dans sa force pour la disposition generale; ce qui se voit encore plus manifestement en ce que les Empereurs Leon & Anthemius qui ont esté depuis Constantius & Iulianus, ont fait vne Loy particuliere pour la vefue qui conuole en secondes nopces, qui est la Loy, *hac edictali. C. de secundis nupt.* laquelle autrement

trement n'euſt pas eſté neceſſaire. Auſſi eſt-il conſtant par la reſolution de la pluſpart des Docteurs, que les donations ou autres alienations à titre lucratif, ſont ſuiettes à ſouffrir la deduction de la legitime: & quoy que quelques-vns ayent voulu diſtinguer que cela a lieu ſeulement pour calculer & compter la legitime, & ſçauoir à quoy elle ſe monte, *vt ſit pinguior*, y faiſant entrer en compte telles alienations; neantmoins tous ſont d'accord qu'à l'égard des enfans, & entre eux il y a touſiours action reuocatoire iuſqu'à la concurrence de la legitime, des donations qui ſont faites à aucuns d'entre eux, à quoy eſt formelle l'authentique *vnde & ſi parens. C. de inoff. teſtam.* Et quant aux dots & donations en faueur de mariage, ces meſmes Docteurs ont beaucoup diſputé, ſi elles eſtoiét ſuiettes ſubſidiairement à la legitime des autres enfans. Paul de Caſtre ſur la Loy premiere, *C. de inoff. teſt. Matthæus de Afflictis decif.* 86. Et auparauant eux, Bartole ſur la Loy *Titia. §. Imperator. ff. de leg.* 2. ont reſolu l'affirmatiue: les autres ont diſtingué à l'égard du mary, diſans qu'on deuoit differer ce ſuplément durant ſon mariage, par l'argument de la Loy, *ſi fraudator. §. ſi à ſocero. ff. quæ in fraudem creditorum*; mais le plus grand nombre ne fait pas compte de cette diſtinction, parce que la legitime eſt deuë dés l'inſtant du decez du pere, & ne peut eſtre differée, que ce ne ſoit ouurir la porte à frauder ou charger la legitime, & empirer la condition des enfans, contre l'intention des Loix. On a encore diſtingué, ſi la dot a eſté conſtituée *en heritages ou en deniers*, comme les deniers n'eſtans plus, & ſe trouuans consommez par le mary, & toutesfois la meilleure opinion a preualu contre cette distinction, d'autant qu'on ne peut pas dire que les deniers dotaux ne soient plus en nature, puis qu'il est certain que le mary demeure tousiours obligé à la restitution d'iceux; aussi est-ce l'esprit de nostre Iurisprudence, & de la Coustume de Paris, par laquelle cette question doit estre terminée; ce qu'il sera bien aisé de iuger quand on aura reconnu par ordre la disposition, le sens & l'intention de la Coustume. Il est constant que la Coustume de Paris a tranché toutes les difficultez des Interpretes du droit Romain, touchant les deductions & les actions reuocatoires en faueur de la legitime, sur les biens alienez par donations entre vifs; outre que c'est la decision d'vn ancien Arrest, de l'an 558. qu'on allegue communément L'ARREST DES BRINONS. La preuue en est claire par les Articles 272. & 298. par l'vn desquels il est loisible de donner & disposer entre vifs, de tous ses biens à personnes capables. L'autre definit la legitime, la moitié de telle part & portion que chacun enfant eust eu en la succession de ses pere & mere, s'ils n'eussent disposé par donations entre vifs, ou derniere volonté. Mais c'est indubitablement à l'égard des Estrangers pour lesquels la legitime n'a pas d'action reuocatoire, & il est permis à vn homme de dóner tout son bien entre vifs, mesmes au preiudice de ses enfans, ce qui n'estoit pas ainsi en droit Romain: la raison de cette difference se peut tirer du droit de puissance, & de la participation de seigneurie, *quia viuo patre quodammodo Domini existimantur. l. in suis. ff. de liberis & postu-*

mis, & mesmes à l'égard des donations que la Loy Cincia auoit limitées : d'où il resulte que la Coustume n'a derogé au droit commun qu'en faueur des estrangers donataires, & qu'à l'égard des enfans l'équité naturelle, & le droit commun subsiste sans aucune restriction, comme il se voit par les Articles 303. 304. 306. & 307. qui est le droit particulier que la Coustume a establi entre les enfans. Par l'Article 303. pere & mere ne peuuent par donation faite entre vifs, par testament & ordonnance de derniere volonté, ou autrement en maniere quelconque auantager leurs enfans, venans à leurs successions l'vn plus que l'autre. Par le 304. les enfans venans à la succession doiuent rapporter ce qui leur a esté donné, pour auec les autres biens de la succession estre mis en partage entre eux, ou moins prendre. Par le 306. ce qui a esté donné aux enfans de ceux qui viennent à la succession, est pareillement suiet à rapport : & par le 307. la Coustume adiouste, que *neantmoins où celuy auquel on auroit donné se voudroit tenir à son don, faire le peut en s'abstenant de l'heredité, la legitime reseruée aux autres enfans.* Article qui semble auoir esté transcrit mot à mot, & traduit des termes de l'authentique, *vnde & si parens. C. de inoff. testam.* où il est dit, *licet ei qui largitatem meruit abstinere ab hæreditate, dummodo suppleat ex donatione, si opus sit cæterorum portionem.* La disposition de ces Articles monstre que l'esprit de la Coustume est de viser principalement à l'égalité entre les enfans, & tout au moins à leur conseruer la legitime. Le desir de l'égalité paroist en ce qu'on ne peut auantager les enfans l'vn plus que l'autre venãs à la succession, & qu'ils doiuent rapporter; & neantmoins pour n'oster pas aux peres la liberté entiere de disposer, la Coustume permet aux enfans de se tenir aux donations qui leur ont esté faites, mais à deux conditions, de renoncer à la succession, & que la legitime soit reseruée aux autres enfans. Et de fait lors que l'Article 272. dit qu'il est permis generalement de donner tous ses biens entre vifs, il est adiousté *à personnes capables*, mots qui sont considerables, car les enfans ne sont pas capables de receuoir des donations de leurs pere & mere, si ce n'est aux conditions des Articles 303. 304. & 307. Les 303. & 304. establissent la prohibition de l'auantage, & la necessiré du rapport: le 307. est l'exception, conceu par ce terme *neantmoins*, qui donne la faculté & le pouuoir de se tenir à la donation, comme vn benefice de la Coustume, mais en s'abstenant & reseruant la legitime, qui sont deux conditions conjointes ensemble : de maniere que la conseruation de la legitime, n'est pas moins necessaire pour ioüir de sa donation, que la renonciation à l'heredité. Et il faut obseruer que la Coustume vsant de ces paroles, LA LEGITIME RESERVÉE AVX AVTRES ENFANS, ce sont termes non seulement conditionels, mais encore imperatifs, de la disposition expresse de la Loy, qui retranche elle mesme & reserue cette portion, qu'elle entend n'estre point alterée par donations, à l'auantage de quelques-vns des enfans au preiudice des autres. La raison est, que la Coustume a suiuy les iustes mouuemens de la nature, & a consideré que sans estre pere dénaturé, on ne pouuoit ny entre vifs ny par testament priuer des enfans de la legitime, pour laisser tout son bien aux autres, & diminuer cette petite portion, qui leur est si necessairement attribuée. Et c'est sur ce suiet que saint Ambroise a fait cette eloquente plainte contre les peres qui commettent cette sorte d'iniustice, *quis reperit tam immitia patrũ iura? quis inter naturæ fraterna consortia fratres impares fecit? vnius patris filij diuersa sorte ceduntur, alius totius paternæ sortis adscriptionibus inundatur, alius hereditatis patriæ deplorat exhaustam atque inopem portionem.* c'est ainsi qu'il designe & qualifie la legitime, *nunquid natura diuisit merita filiorum? ex pari omnibus tribuit quod ad nascendi atque viuendi possint habere substantiam. Ipsa vos doceat non discernere patrimonio quos titulo germanitatis æquastis, quibus dedistis communiter esse quod nati sunt, non debetis his, vt id communiter habeant, in quod à natura substituti sunt inuidere.* & cela d'autant plus que c'est vne maxime indubitable de tous les Theologiens Canonistes & Iurisconsultes, que *legitima nec statuto nec vlla humana potestate tolli potest;* ce qu'entre autres a remarqué Du Moulin sur la Coustume de Paris. §. 8. *glose* 4. maxime qui doit seruir de regle pour interpreter les Loix, & les Coustumes en cette matiere. Mais celle de Paris est encore si expresse en cela, qu'on y peut reconnoistre clairement quel peut auoir esté son sens & son intention sur ce suiet pour seruir d'interpretation certaine à l'Article 307. s'il en auoit besoin de quelque plus grande que la propre teneur des termes ausquels il est conceu. Car par l'Article 17. estant dit, que *s'il n'y a pour tout bien dans vne succession qu'vn seul fief, consistant en vn seul manoir, bassecourt, & enclos d'vn arpent, sans au-*

tre appartenance ny autres biens, il appartiendra à l'aisné pour son droit d'aisnesse & precipu: il est adiousté par exprés, *sauf toutesfois aux autres enfans leur droit de legitime sur le fief;* Article qui a passé en la derniere reformation suiuant l'auis de Du Moulin & qui auoit esté contesté, & n'auoit peu passer lors de la redaction de l'ancienne Coustume, tellement que cette reserue de legitime se trouue adioustée par l'équité d'vn Article nouueau composé des Arrests suiuant la raison & l'esprit de la Coustume. Aussi est-ce vne debte necessaire & fauorable, qui ne peut estre ostée par les peres mesmes, sinon en matiere d'exheredation & pour iuste cause: & encore sont-elles d'ordinaire peu fauorables, soit parce qu'elles procedent de pure cruauté & faute de naturel, qui doit estre tousiours corrigé; soit par erreur, quand vn pere, comme il arriue souuent, a mieux esperé de sa fortune, s'il a plus fait qu'il ne pouuoit, ou si ses facultez sont diminuées. Car c'est lors qu'il le faut ayder & y pouruoir, pour ne pas priuer ses enfans de l'affection qu'il leur portoit & de la charité à laquelle il estoit obligé: par la mesme raison que la Loy Romaine a dit en vn autre cas, *repentini casus iniquitatem per coniecturam maternæ pietatis emendandam esse*, particulierement dans l'espece & à l'égard d'vne fille dont la consideration est non seulement aussi forte, que de celles qui ont esté mariées, veu qu'elles ne se defendent que par la faueur de la dot; mais encore plus fauorable, puisque le pere estoit obligé de la doter par la Loy Ciuile & Canonique, & que l'interest & l'honnesteté publique exigeoient ce deuoir de sa pieté: dautant mesmes que les

Empereurs Romains faisans cette Loy rigoureuse pour le crime de leze-Maiesté, qui couure de toute sorte d'infamie les enfans des condamnez, & leur faisant porter partie des peines du crime de leur pere, les reduit en tel estat, *vt his perpetua egestate sordentibus sit & mors solatium, & vita supplicium*, iusques à les priuer de toutes successions directes & collaterales; toutesfois ils ont excepté de cette rigueur ce sexe foible & miserable, & ont reserué en ce cas la legitime aux filles sur les biens confisquez. *L. quisquis. C. ad l. Iul. Maiest.* Mais comme ces Empereurs ont donné cela tant à la pudeur commune & generale, qu'à leur propre charité comme peres communs de leurs suiets, & se sentans par maniere de dire tenus à ce deuoir en cette qualité; aussi ne peut-on pas nier que ce ne soit la pensée ordinaire des peres, leur plus grand soin, vne charge & vn office auquel ils sont particulierement obligez. C'est vne debte qui leur est demandée autant de fois que leurs enfans se presentent deuant eux; & c'est ce qu'a voulu dire vn Poëte Grec, que la fille nubile, & qui passe l'aage ἐπίγαμος qu'on peut expliquer par le mot de S. Paul, ὑπέρακμος *superadulta*, encore qu'elle ne parle pas, dit toutesfois beaucoup par son silence, que toutes les fois qu'elle regarde son pere, ses yeux luy disent assez ce qu'elle demande; & Diphilus le Comique appelle la fille qui est en cét estat, vne amere & facheuse reserue, ταμιεῖον πικρόν. Que si on dit que c'est priuer les enfans donataires du benefice de renoncer, qui est de droit commun, & de la Coustume; la réponse y est prompte : que ce priuilege leur demeure tout entier, auſſi bien que l'auantage de leur donation, laquelle ne leur eſt pas oſtée, mais ſeulement retranchée & diminuée en ſon excez à proportion de la legitime qui eſt deuë aux autres enfans qui n'ont rien eu; outre que ce priuilege eſt conditionel, & que la faculté de ioüir de ſon don n'eſt attribuée qu'à cette charge. Ce n'eſt pas auſſi donner ouuerture aux creanciers, pour faire retracter les donations precedentes, & rendre tous les enfans égaux en leur oſtant tout, & ne leur laiſſant rien des biens de leurs peres & meres; d'autant que la conſideration de la legitime des enfans eſt toute autre à cét égard que celle des creanciers, leſquels ne peuuent auoir aucune action reuocatoire des alienations qui precedent leurs contracts; au lieu que les liberalitez des peres enuers quelques-vns de leurs enfans, quoy que ce ſoit alienation au reſpect des eſtrangers, ſont neantmoins eſtimées faire encore partie des biens d'vn pere entre ſes enfans, comme eſtans demeurées en ſa famille, & n'ayans eſté vray ſemblablement faites qu'à des enfans en cette qualité d'enfans, & touſiours en auancement d'hoirie, dans le vœu commun qu'ils puiſſent reuenir à la ſucceſſion & par forme d'vn partage anticipé; au lieu qu'à l'égard des creanciers le bien donné entre vifs eſt deſia mis à couuert, & par effet au moyen d'vne donation valable, & dans l'intention du pere meſme & de toute la famille; & de faict les Couſtumes d'Aniou Art. 260. du Maine Art. 334. Bretagne Art. 346. Touraine Art. 309. grand Perche Art. 125. Chaalons Art. 100. qui ordonnent *que les enfans renonçans à la ſucceſſion ſeront tenus de rapporter ce qu'eux ou leurs enfans*

fans ont eu mesmes en mariage, ont esté interpretées par les Arrests, que le rapport quoy qu'expressement ordonné en ce cas de renonciation ne se deuoit faire qu'à l'égard des enfans, & non pas au profit des creanciers, mesmes precedents les donations ou contracts de mariage: comme il a esté iugé par vn Arrest notable de cette Chambre, du 17. Aoust 1616. au rapport de Monsieur Rubentel. De maniere que comme il y auroit bien moins de raison, aussi y a-t'il moins à craindre de la part des creanciers, en la Coustume de Paris qui n'est pas si dure. Et quant à ce qu'on a dit que ce qui est donné en mariage ou autrement, est estimé hors les biens ; & partant n'est pas suiet aux accidens & aux charges qui suruiennent depuis : cette raison n'est pas considerable, si on obserue qu'en la Coustume de Paris, ce que le pere donne à ses enfans, est tousiours entendu auoir esté donné en auancement d'hoirie; tellement que le pere semble le posseder encore dans la masse de ses biens, & dans l'esperance que ses enfans le remettront vn iour dans sa succession, pour y prendre quelque chose de plus. Bref ce qui est donné à des enfans, n'est pas tellement aliené, que ce ne soit à la charge perpetuelle du rapport, ou de renoncer; mais la legitime reseruée aux autres enfans. En quoy la consideration mesmes des mariages payez en deniers comptans ne peut pas beaucoup seruir, par la raison qui a esté desia touchée, que le mary est obligé à la restitution ; & qu'il a esté iugé par L'ARREST DES LAFILEZ, que la fille qui veut venir à la succession, est obligée de rapporter sa dot que son mary a receu, encore qu'il l'ayt consommée, & n'est pas quitte pour rapporter au lieu & ceder ses actions contre les heritiers de son mary. Aussi n'est-ce pas vne obiection de grand poids, que celle qui est tirée de l'argument de la loy premiere *ff. si quid in fraudem patroni*, du libertin qui mariant sa fille n'est pas estimé faire fraude au droit de legitime de son patron, parce que c'est chose bien diuerse, & qu'il n'est pas merueille si l'interest d'vne fille mariée combatant auec celuy du patron qui n'est fondé qu'en vn droit seigneurial à prendre apres la mort du libertin dans sa succession, le Iurisconsulte a panché plutost du costé de la nature, preferable sans doute à la rigueur des restes d'vn droit de seruitude; ayant dit nettement qu'en ce cas *pietas patris non est reprehendenda*, & d'où s'ensuit vne puissante raison au contraire tirée du mesme esprit de la Iurisprudence, que ce seroit vne pieté blasmable & reprehensible en la personne d'vn pere, s'il vouloit trãsporter tout aux vns & ne laisser rien aux autres de ses enfans; encore moins si cela arriuoit par mauuaise fortune & inconuenient, & que ce fut entierement contre son intention, comme il arriue le plus souuent. Pour le regard de la raison alleguée de la fille qu'on a fait renoncer par vn contract de mariage, tant s'en faut qu'elle puisse appuyer l'opinion de ceux qui ne veulent pas approuuer ce recours de legitime, qu'elle peut estre plus fortement retorquée contre eux mesmes: car si le priuilege de cette renonciation solemnelle, qui est faite par vn contract de mariage, par vne loy de famille fauorisée entre les François, qu'on reconoist estre les autheurs de ce droit, a esté tant estimé, que nulle restitution n'a esté admise pour les successions à écheoir, parce que la dot quelle qu'elle soit est reputée en ce cas tenir lieu de legitime; cela monstre manifestement que la fille mariée, & qui n'a point renoncé, ne reçoit son mariage que comme vne partie de la succession de son pere, pour y reuenir si bon luy semble, & comme demeurant par esperance dans la communion d'vn mesme droit auec le reste de la famille, pour attendre l'éuenement de la bonne ou mauuaise fortune, au moment de la mort de son pere; afin de s'en deliurer lors s'il y auoit à perdre, & conseruer ses auantages, mais en communiquant aussi aux autres enfans, ce miserable recours d'vne legitime à suppleer ou fournir. Tellement que si la fille qui a renoncé lors de son mariage n'estoit pas suiete à cette action de legitime, il s'ensuiuroit que ce seroit à cause de sa renonciation, & partant que celle qui n'a pas renoncé, & qui pouuoit rendre sa condition meilleure en cas qu'il y eut à gagner lors de la succession écheuë, en doit estre indubitablement tenuë à comparaison de l'autre, qui est exclusé par son contract de mariage. D'autant plus qu'il se trouue dans les liures anciens de nostre droit François, qu'autrefois à Paris le fils ou la fille mariez par leur pere estoient mis par ce moyen hors la famille, & ne reuenoient plus à la succession: de maniere que le changement de ce droit en celuy qui est écrit dans la Coustume, fait conoistre que les enfans mariez n'ont cét auantage que par forme de partage prouisionel en la succession de leur pere, que ce qu'ils reçoiuent est estimé faire partie de ses biens, en sorte qu'il est suiet à rapport, comme c'eſt auſſi par là qu'on commence les partages, & qu'il en faict le plus ſouuent la meilleure part: & enfin que c'eſt touſiours à condition expreſſe s'ils ſe veulent tenir à leurs donations, ainſi qu'il leur eſt permis par la Couſtume, de fournir ou ſuppléer la legitime à leurs freres & ſœurs, auec leſquels ils ont continué la participation d'vne eſperance de meilleur ſuccez. Et quant à la conſequence, conſideration qui ſembleroit la plus forte, & toucher dauantage le public; elle n'eſt pas ſi grande, que celle d'introduire vn nouueau droit qui formeroit vne inégalité fort iniuſte entre des enfans d'vn meſme pere, pour en accômoder les vns & reduire les autres à la mendicité; d'autant plus qu'au premier cas l'inconuenient procede d'vn mal vniuerſel, à ſçauoir de la corruption des mœurs de noſtre ſiecle, dont le luxe effrené ayant porté les offices à des prix exceſſifs, & les dépenſes au delà de toute meſure & proportion, a fait monter ſi haut les mariages, qu'à le bien prendre on peut dire que c'eſt la ruine des vns & des autres: & c'eſt auſſi pourquoy les Republiques bien policées ont eſtimé qu'il y falloit mettre vne borne: Platon l'a ſouhaitté, & l'vne de nos Ordonnances en contient vn Article qui regle les mariages à dix mil francs pour le plus; & quoy qu'elle ſemble abrogée par vn vſage contraire, & qu'elle paſſe maintenant pour vne Loy de Republique imaginaire, la raiſon demeure toute entiere pour dire que ceux qui ont contracté & ſtipulé des auantages au delà de l'Ordonnance, ne ſont pas fauorables à alleguer la conſequence, au preiudice de ceux qui par ce moyen ſeroient priuez de toute part & portion en la succession de leurs pere & mere, exheredez en effet & rendus entierement miserables: *sequamur potiùs naturam & honestatem, nec nos extra rerum naturam ambitus ponat.* Ioint que la raison de quelques Docteurs est non seulement vne assez pertinente réponse à cette plainte de la part des gendres, lors qu'ils ont dit que tout homme qui se marie estoit presumé s'estre bien enquis & informé de la cōdition du party qu'il prend: pour dire qu'ayant voulu courre ce hazard il ne s'en peut prendre apres cela qu'à soy-mesme; mais aussi elle sert pour faire voir qu'il est peut-estre auantageux au public, qu'on conoisse qu'il y a peu d'asseurance dans les familles de ceux qui ont faict en peu de temps vne fortune prodigieuse, & dont les richesses sont nouuelles; & partant qu'il n'est pas mauuais qu'on soit aucunement forcé par la raison de cette crainte, à preferer l'alliance de ceux dont les biens viennent de plus loin, & dont la source est moins troublée, comme dit Themistius, ou de ceux dont la maison est plus remplie d'honneur & de vertu, que de richesse & d'abondance. Enfin la condition des gendres & des enfans auparauant mariez sera tousiours assez bonne, en ce qu'ils ont ioüy des choses à eux données, qu'ils auront eu mesmes plus que la legitime, & que pour reseruer aux autres cette petite miserable portion, il ne leur sera retranché qu'vne partie de ce qu'ils ont eu; comme s'ils contribuoient eux mesmes aux alimens necessaires de personnes si proches, à quoy ils sont obligez en tel cas, & par honneur & par conscience. De sorte que soit qu'on s'attache à la lettre & à la disposition de la Coustume, ſoit qu'on en recherche les raiſons, il ſe trouuera que les termes ſont exprez & formels, & que c'eſt le vray eſprit & l'intention de la Loy, laquelle n'a pas derogé en ce point à la diſpoſition generale du droit Romain, que nous deuons d'autant plus volontiers embraſſer pour interpreter nos Loix municipales, quand elles ne ſont point contraires, que veritablement la Loy Romaine eſt la raiſon écrite, ainſi que quelques Couſtumes l'appellent, qui nous doit ſeruir de regle d'équité pour ſuppléer ou expliquer ce qui manqueroit dans nos Couſtumes. A quoy ſi on adiouſte les ſentimens de la nature, & les premiers mouuemens de iuſtice qui reſultent de ſemblables eſpeces; il ſe peut dire que cette derniere opinion eſt plus iuſte & plus fauorable que l'autre. Tellement qu'il y a lieu d'ordonner que les freres & ſœurs de Marie de ſainct Vaaſt luy fourniront ſa legitime, à proportion de ce qu'ils ont receu, deduction faite de ce qu'elle pourroit auoir touché.

LA COVR a mis & met les appellations & ce dont a eſté appellé au neant, émendant éuoquant le principal, & y faiſant droit ayant aucunement égard aux Lettres ordonne que la demandereſſe aura deliurance de ſa legitime, à proportion à ſon égard de ce qui ſe iuſtifiera les defendeurs auoir chacun d'eux receu des ſucceſſions de leur pere & mere, deduction auſſi faite de ce qui ſe iuſtifiera auoir eſté receu par la demandereſſe deſdites ſucceſſions, & ſans dépens. Faict en Parlement en la Chambre de l'Edit le troiſiéme Decembre, mil ſix cens quarante deux. Signé, GVYET.

www.ingramcontent.com/pod-product-compliance
Lightning Source LLC
LaVergne TN
LVHW021635170726
843501LV00007B/2227

* 9 7 8 2 3 2 9 6 5 1 7 5 0 *